I MANIFESTI FRIVOLI

Questo "Itinerario d'Immagini" fa una esplorazione nella fantastica produzione delle "affiches" pubblicitarie (molto prolifica tra la fine dell'800 e i primi del 900). Dopo un'attenta selezione, abbiamo privilegiato il genere "frivolo" perché meglio di altri ha saputo ispirare l'invenzione e la fantasia degli Autori dell'epoca, più artisti che tecnici grafici.

Sono gli esempi più rappresentativi della cartellonistica "frivola", pieni di offerte divertenti e di delicati giochi pittorici. Il linguaggio immediato ed espressivo è permeato dallo spirito dell'esistenza quotidiana di quei tempi quando il mondo stava affrontando l'implacabile mutamento dovuto alla civiltà delle macchine e dell'industrializzazione.

Le "affiches" presentate, oggi preziosi "pezzi" da collezione, sono una straordinaria testimonianza di costume. Alcune sono da considerarsi dei veri e propri capolavori pittorici.

Le belle immagini a colori, sono da leggere nei dettagli per scoprire tutti i segni di cultura in essi contenuti.

POPULAR POSTERS

This visual itinerary explores the fascinating world of the advertising poster, great numbers of which were produced between the end of the XIX century and the beginning of the XX.

A careful selection has preferred the popular poster, as this above all inspired the fantasy and inventiveness of contemporary designers, more artists than graphic illustrators.

These examples, the best and most typical, abound in pictorial delicacy and carry amusing advertising messages. This immediate and expressive means of communication is an integral part of the spirit of those times, when the world was facing the relentless change due to mechanization and industrialization.

The posters in this volume, now valuable collector's pieces, also represent a historical record of customs and styles. Several are nothing less than true masterpieces. The lovely colour photographs, are worthy of a detailed scrutiny that will reveal the wealth of culture contained in them.

© BE-MA EDITRICE, Milano 1987

Fotocomposizione / *Filmset by:* Primavera - Milano
Fotolito / *Colour reproduction by:* Lamarmora - Milano
Stampa / *Printed by:* FBM - Gorgonzola (Mi)

Itinerari d'Immagini n° 10
1° edizione 1987
First edition 1987

ISBN 88 - 7143 - 056 - 5
Stampato in Italia / *Printed in Italy*
Autorizzazione del Tribunale di Milano n° 190 del 6/3/87

Itinerari d'immagini

I MANIFESTI FRIVOLI

POPULAR POSTERS

Nicoletta Citrini

BE-MA Editrice

Manifesto di **Osvaldo BALLERIO** (1870-1942), creato nel 1910 per i magazzini "Unione Cooperativa" di Napoli. L'impostazione del manifesto è in stile pre-liberty e rappresenta una signora elegante con pacchetti.

*Poster by **Osvaldo BALLERIO** (1870-1942) made in 1910 for the store "Unione Cooperativa", Naples.*
The work is in a pre-Art Nouveau style and depicts an elegant lady with parcels.

Locandina di **Giò BARRELLA** per la pubblicità della Pomata Midy e relative supposte contro le emorroidi. Non è datata e raffigura un Pierrot che stringe in una mano un tubetto di Pomata Midy.

*Small poster by **Giò BARRELLA** that advertises a cream, "Pomata Midy" and suppositories for haemorrhoids. It bears no date and shows a Pierrot grasping a tube of cream.*

Locandina di **Gino BOCCASILE** (1901-1952) per la pubblicità della Brillantina Tricofilina. È databile intorno agli anni Trenta-Quaranta e raffigura una donna sdraiata, stile Rita Hayworth, e boccetta di Tricofilina.

*Small poster by **Gino BOCCASILE** (1901-1952) advertising Tricofilina Brilliantine. It can be dated to around the Thirties and Forties, and shows a reclining woman of Rita Hayworth style and a small bottle of Tricofilina.*

BRILLANTINA
Tricofilina
..non è una comune brillantina..

Manifesto di **Luigi BOMPARD** (1879-1953) raffigurante Antonio Gandusio (1875 -). Il grande attore comico si esibì dalla fine del secolo scorso fino alla metà del nostro anche in coppia con la grande Dina Galli.
Il manifesto non è datato e fu creato probabilmente per la pubblicità di uno spettacolo teatrale del noto attore.

*Poster by **Luigi BOMPARD** (1879-1953) portraying Antonio Gandusio, a great comic actor who performed from the end of the XIX century up until the middle of this century, often in a duo with the great Dina Galli. This undated work was probably made to advertise a theatre production starring the famous actor.*

Manifesto di **Mario BORGONI** (1869-1936) per la pubblicità delle "Pastiglie della Madonna della salute" dello stabilimento Farmaceutico Alberani. È datato 1911 ed è di gusto decisamente liberty. Rappresenta una donna seduta in poltrona con in mano una scatola di pastiglie.

*Poster by **Mario BORGONI** (1869-1936) advertising the pastilles "Pastiglie della Madonna della salute" produced by the Alberani Pharmaceutical factory. It is dated 1911 and clearly is in Art Nouveau style. A woman in an armchair has a box of pastilles in her hand.*

Manifesto di **Mario BORGONI** per la fabbrica di birra "Cervisia". Non è datato e rappresenta una figura femminile bucolica con fasci di fiori e un boccale di birra in mano. Cervisia è la definizione francese della birra.

*Poster by **Mario BORGONI** for the "Cervisia" Brewery. Undated, it shows a bucolic female figure with swathes of flowers and a tankard of beer in her hand. "Cervisia" is an Old French word for "beer".*

Manifesto di **Adolfo BUSI** (1891-1978) di carattere buffo per la pubblicità delle "Pastiglie Alberani della Madonna della Salute".
Databile al 1935/40 circa, raffigura tre volti settecenteschi intorno a una scatola di pastiglie. Le donne di famiglia sono costipate, ma il buon padre provvede.

*A comical poster by **Adolfo BUSI** (1891-1978) that advertises the pastilles "Pastiglie Alberani della Madonna della Salute".*
It dates from around 1935-40 and depicts three XVIII century faces around a box of pastilles. The women of the family are constipated but fortunately the beneveolent father puts things right.

Prop. Artist. Grafiche BARONI & C. - Milano

Manifesto di **Umberto CALAMIDA** per il sapone depilatorio Epideal. È datato 1924 e rappresenta una figura femminile che mostra una gamba depilata. Il sapone veniva prodotto da L. Astengo di Genova.

*A poster by **Umberto CALAMIDA** for the depilatory soap "Epideal". It is dated 1924 and its subject is a woman showing her depilated leg. The soap was produced by L. Astengo of Genoa.*

Affiche di **Leonetto CAPPIELLO** (1875-1942) che pubblicizza il "Foyer de l'Opera". È un manifesto per la festa dell'Associazione del Lavoro Francese. È senza data, ma si potrebbe collocarlo ai primi decenni del secolo (1921). Raffigura un folletto che regge il corno dell'Abbondanza ed ha più l'aria di uno studio che di un'opera finita.

*Poster by **Leonetto CAPPIELLO** (1875-1942) advertising the "Foyer de l'Opera", that is, the celebration of the Franch Work Association. It is undated but can be placed in the first decades of the century (possibly 1921). It pictures and elf holding a cornucopia and seems more like a study than a finished work.*

Manifesto di **CAPPIELLO** per l'Esposizione di Monaco. È datato 1920 e rappresenta una donna che lancia rose.

*Poster by **CAPPIELLO** for the Monaco Exhibition. It is dated 1920 and illustrates a woman throwing roses.*

Manifesto di **CAPPIELLO** creato nel 1921 per la casa vinicola ''Robba-Canelli'' di Torino.
È un'allegoria raffigurante due Pierrot danzanti che bevono felici a una sola coppa di champagne durante un ipotetico veglione.

*Poster by **CAPPIELLO** made in 1921 for the Turin wine-producer ''Robba-Canelli''.*
This is allegorical piece shows two dancing Pierrots happily drinking from a single cup of champagne during an imaginary feast.

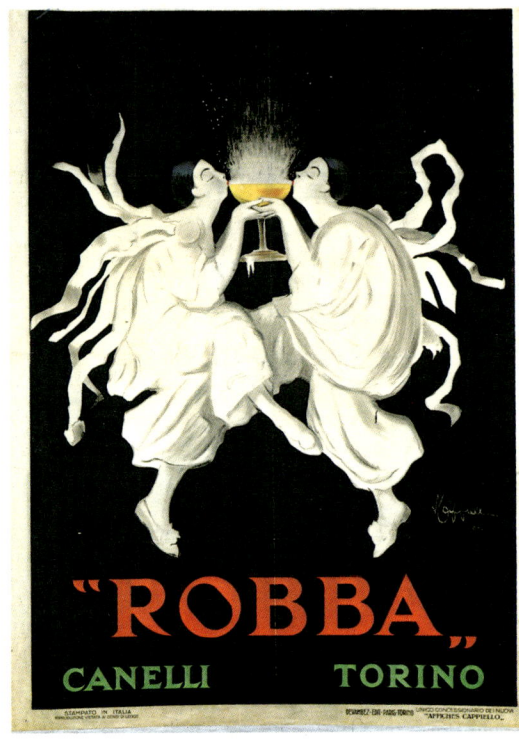

POURPRE ANTIQUE

UN PARFUM....DE LUZY

Manifesto creato da **CAPPIELLO** nel 1921 per la ditta francese di prodotti cosmetici "De Luzy". Raffigura una donna avvolta in un telo rosso porpora che le lascia scoperti
solo gli occhi. Anni dopo ritroveremo una simile immagine con la Callas in "Medea".

*Poster created by **CAPPIELLO** in 1921 for the French cosmetics firm "De Luzy", advertising a De Luzy perfume
with the exotic name "Poupre Antique" and illustrating
a woman wound in a red-purple cloth that leaves only the
eyes visible. Years later this image would be repeated by
Callas in "Medea".*

23

Manifesto di **CAPPIELLO** per la pubblicità "Poudre de Luzy". È databile 1921 e raffigura una donna del '700 che stringe un enorme piumino da cipria in abito adrienne verde e rosso.

*A poster by **CAPPIELLO** that advertises "Poudre de Luzy". It can be dated to 1921 and presents an XVIII century woman grasping an enormous powder puff and wearing a dress of red and green adrienne.*

Ancora un manifesto di **CAPPIELLO** per la ditta "De Lu-zy". Anche questo è databile intorno al 1921 ed è creato per pubblicizzare la "Créme de Luzy". Raffigura una dama del '700 di spalle.

*Another poster by **CAPPIELLO** for the firm "De Luzy", that again can be dated 1921: it advertises "Créme de Lu-zy" and portrays an XVIII century lady from behind.*

Pubblicità di **CAPPIELLO** per il "Chianti Mirafiore Greve". È datata 1921 e rappresenta una figura femminile con fiaschi e grappoli d'uva.

An advertisement for "Chianti Mirafiore Greve" by **CAPPIELLO.** *It is dated 1921 and shows a smiling, running woman with bottles and bunches of grapes.*

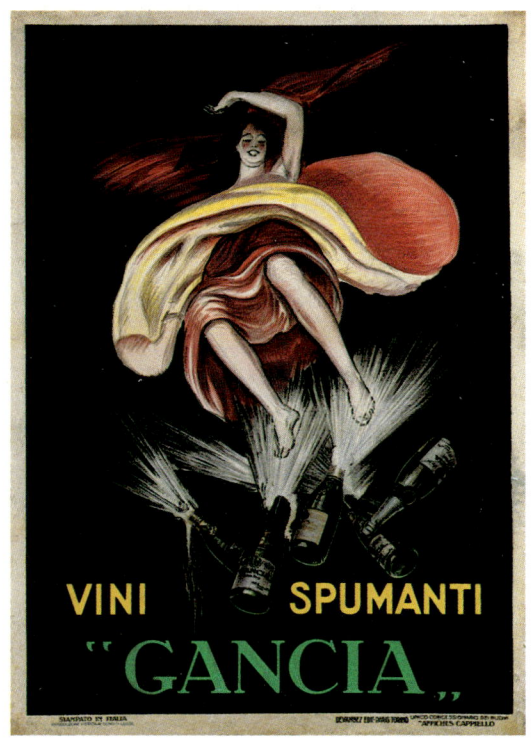

Ancora un manifesto di **CAPPIELLO** per la casa vinicola
Gancia. È datato 1921 e rappresenta una figura femminile che vola sullo scoppio di tappi di spumante.

*Another poster by **CAPPIELLO** this time for the wine-
producing firm Gancia. Dated 1921, it pictures a woman
flying along with the corks from the bottles of spumante.*

Manifesto di **CAPPIELLO** per la ditta Gancia. È un'allegoria che raffigura una ballerina che danza tra le stelle in puro stile viveur (1925).

*A poster by **CAPPIELLO** for Gancia. This allegorical work shows a ballerina dancing in amongst the stars in true sybaritic style. 1925 about.*

Manifesto di **CAPPIELLO** per la "Poudre de Perles fines" della casa cosmetica "Les parfums de Perle" di Parigi. È datato 1921 e raffigura una fanciulla inginocchiata su un'ostrica che si incipria sorridendo. In una mano tiene una scatola di cipria.

*Poster by **CAPPIELLO** for "Poudre de Perles fines", produced by the Parisian cosmetics firm "Les parfums la Perle". It is dated 1921 and features a smiling girl powdering her face while kneeling on an oyster. She holds a box of face powder.*

Manifesto di **CAPPIELLO** per ''La Salute''. Datato 1922 rappresenta una figura femminile festosa che entra volando da una finestra con fiori e pozioni. I medicinali erano della ditta ''Arnaldi cura a domicilio'' senza ulteriori spiegazioni.

*A poster by **CAPPIELLO** for ''La Salute'', dated 1922 and showing a festive female figure, flying in through a window with flowers and potions. The only details given about the medicines is ''Arnaldi cura a domicilio'' (Arnaldi treats you at home).*

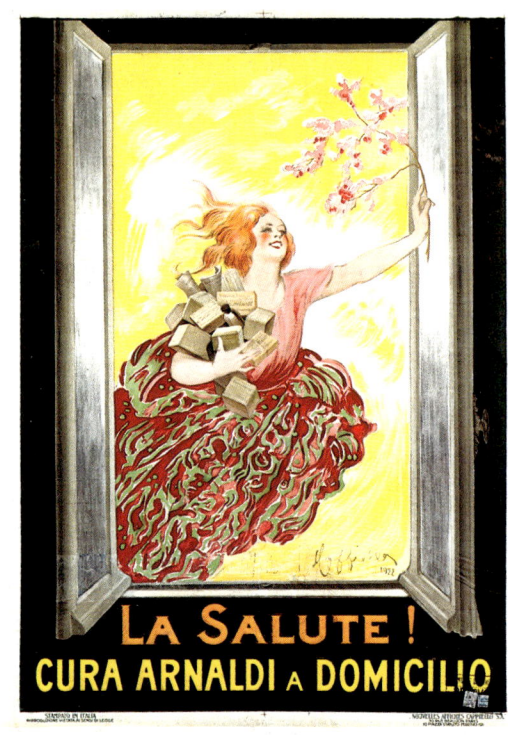

Manifesto di **CAPPIELLO** per la ditta ''La Merveilleuse, confezioni per signora'' di Milano. È datato 1923 e rappresenta una figura femminile in controluce coperta di veli che danza tra colonne. Il costume neoclassico fa pensare a Giuseppina Beauharnais.

*Poster by **CAPPIELLO** for the firm ''La Merveilleuse, confezioni per signora'' (women's clothing) from Milan. It bears the date 1923 and depicts a veiled woman dancing between columns, seen against the light. The Neoclassical costume is reminiscent of Giuseppina Beauharnais.*

Manifesto di **CAPPIELLO** per la pubblicità dell'"Alcool de Menthe Ricqles". È datato 1924 e raffigura una ballerina che danza stringendo una bottiglia di Ricqles.

*Poster by **CAPPIELLO** advertising "Alcool de Menthe Ricqles". Dated 1924, it pictures a ballerina dancing while grasping a bottle of Ricqles.*

Manifesto di **CAPPIELLO** per la casa vinicola "Florio S.O.M.". Databile a circa il 1925 e rappresenta tre fanciulle che danzano innalzando bottiglie di Florio. Lo stile della danza è quello di Isadora Duncan.

*Poster by **CAPPIELLO** for the wine-producing firm "Florio S.O.M.". It can be dated to around 1925 and features three dancing girls holding up bottles of Florio. The style of the dance is that of Isadora Duncan.*

Manifesto di **CAPPIELLO** per la pubblicità del ''Savon La Tour''. Databile a circa il 1920, raffigura una maschera che forma bolle di sapone stando in piedi su una torre. Lo strumento è la classica pipa di coccio intinta nella saponaria.

*Poster by **CAPPIELLO** advertising ''Savon La Tour''. Dating from roughly 1920, it represents a Carnival personage blowing soap bubbles while standing on a tower. The instrument used is the traditional clay pipe dipped into the soap solution.*

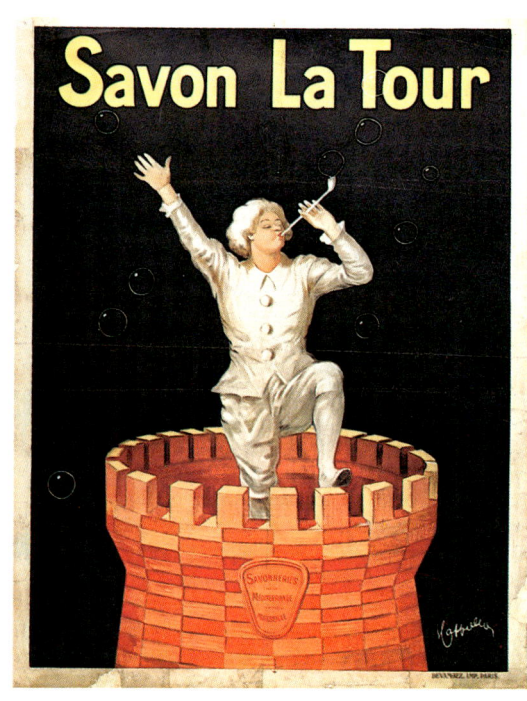

Manifesto di **CAPPIELLO** per la pubblicità di ''Cachou Lajaunie'' pastiglie per l'alito. Databile a circa il 1920, rappresenta una figura femminile sorridente che fuma una sigaretta e mostra una scatola di ''Cachou Lajuanie''. Il vestito apparentemente di piume fa pensare alla Papagena del Flauto Magico.

Poster by **CAPPIELLO** *advertising ''Cachou Lajaunie'' breath-freshening pastilles. From around 1920, the image is that of a smiling girl smoking a cigarette and indicating a box of ''Cachou Lajuanie''. The dress, apparently made of feathers, reminds one of Papagena in The Magic Flute.*

35

Locandina di **L. CASA** per la carta da sigarette Job. Non è datata e raffigura una donna "fin de siècle" che tiene tra le dita una sigaretta confezionata con carta Job, la prima marca del mondo, come dice lo slogan. Si potrebbe collocarla agli inizi del secolo.

*Small poster by **L. CASA** for Job cigarette papers. Undated, it illustrates a "fin de siècle" woman holding a cigarette made with Job paper, the best make in the world, as claimed by the slogan. It is believed to date from the beginning of the century.*

Manifesto di **Plinio CODOGNATO** (1878-1940) per la pubblicità dell'Anatricogeno lozione per capelli. Databile a circa il 1930, raffigura una testa femminile con fluente chioma rossa e bottiglia di Anatricogeno di cui era concessionario esclusivo Gaetano Mazzoleni di Brescia.

*Poster by **Plinio CODOGNATO** (1878-1940) advertising Anatricogeno hair lotion and dating from around 1930. It shows a woman's head with red flowing tresses of hair, and a bottle of the Anatricogeno lotion, for which Gaetano Mazzoleni of Brescia was the sole agent.*

Manifesto di **CODOGNATO** per la pubblicità della lozione per capelli Anatricogeno. Databile a circa il 1930, raffigura una signora seduta e un signore in piedi in frac che contempla una bottiglia di Anatricogeno speranzoso di rimediare alla sua calvizie.

*Poster by **CODOGNATO** advertising Anatricogeno hair lotion. From around 1930, it depicts a seated lady and a standing gentleman who observes a bottle of Anatricogeno, obviously hoping that it will remedy his baldness.*

Manifesto di **Adolfo DE KAROLIS** (1874-1928) datato 1914. Non è firmato e pubblicizza il dentifricio "Stomol". Rappresenta un nudo allegorico coperto da un velo su fondo rosso, nello stile anche delle silografie dell'autore per le copertine dei libri di D'Annunzio.

*Poster by **Adolfo DE KAROLIS** (1874-1928). Unsigned, it advertises the toothpaste "Stomolo" and presents an allegorical nude, covered by a veil, on a red background. The style is in common with that of the artist's woodcuts for the covers of D'Annunzio's books.*

Manifesto del 1907 di **Marcello DUDOVICH** (1878-1962) per i grandi magazzini "Mele" di Napoli. Rappresenta due eleganti signore estremamente sofisticate e maliziose.

*A 1907 poster by **Marcello DUDOVICH** for the "Mele" department store of Naples. We see two extremely refined and mischievous ladies.*

Manifesto di **DUDOVICH** per il Veglione della Famiglia Artistica intitolato ''Bianco e Nero''. È datato 1908 e rappresenta una coppia danzante. Si svolse al Teatro Dal Verme di Milano il 29 febbraio anno bisestile. Analoghi veglioni si tennero anche alla Scala.

*Poster by **DUDOVICH** for the ''Famiglia Artistica'' Ball entitled ''Black and White''. It is dated 1908 and shows a pair of dancers. The ball was held at the Teatro Dal Verme, Milan, on 29 February in Leap Years. Analogous balls were also held at La Scala.*

Affiche di **DUDOVICH** per ''La Rinascente''. Il cartellonista fu molto attivo specialmente negli anni Venti per le
''stagioni'' La Rinascente. Il manifesto, databile approssi-
mativamente in quegli anni, raffigura una coppia molto
elegante in abito da sera.

*Poster by **DUDOVICH** for ''La Rinascente''. The artist was*
especially active in the Twenties for the ''seasons'' of this
Milanese department store. This work is from that deca-
de and illustrates a very smart couple in evening dress.

44

Locandina di **DUDOVICH** per la pubblicità della nuova
auto della Casa automobilistica torinese FIAT, la Balilla.
Non è datata ma può essere collocata negli anni Venti.
Raffigura una signora elegante che si avvia verso una
Balilla.

*Poster by **DUDOVICH** advertising the latest production
of the Torinese automobile factory, the "Balilla". It is undated but can be placed in the second decade of the century. A stylish woman moves towards the Balilla.*

Manifesto di **DUDOVICH** per la casa vinicola Florio. Pubblicizza il Marsala Florio. Databile a circa il 1924, raffigura una donna sorridente avvolta in veli variopinti.

*Poster by **DUDOVICH** for the wine-producing firm Florio, publicising Florio Marsala. From about 1924. it pictures a smiling woman covered in veils of various colours.*

Manifesto di **DUDOVICH** per la '' Stagione La Rinascente 1932''. Rappresenta una figura femminile che si trucca seduta su un baule fra bagagli volanti indicanti un lancio di articoli da viaggio.

*Poster by **DUDOVICH** for the 1932 Season at La Rinascente. A woman puts on her make-up while seated on a trunk amidst flying luggage: the poster evidently advertises a promotion of travelling goods.*

Manifesto di **DUDOVICH** per la fabbrica di cappelli "Antica Casa Borsalino". Datato al 1928, raffigura un uomo con cilindro che osserva un cappelo Borsalino esposto in vetrina, con occhi sbarrati per l'ammirazione.

Poster by **DUDOVICH** *for the hat factory "Antica Casa Borsalino". Dating from 1928, it shows a man with a top hat looking at a Borsalino hat in the window, wide-eyed in admiration.*

Manifesto di **Attilio FORMILLI** (1866-1933) per l'Esposizione dell'Arte e dei Fiori di Firenze del 1896. Rappresenta una figura femminile simile alla Primavera del Botticelli.

*Poster by **Attilio FORMILLI** (1866-1933) for the Art and Flowers Exhibition of Florence held in 1896. A woman similar to Botticelli's "Primavera" is portrayed.*

Affiche creata da **A. FREAT** per la pubblicità della casa di biciclette "Raleigh". L'ambientazione è curiosamente araba dell'inizio del secolo e rappresenta un legionario che spinge una donna araba in bicicletta.

*Poster designed by **A. FREAT** to advertise Raleigh bicycles. The setting, from the beginning of the century, is curiously Arab: a legionary pushes an Arab woman on a bicycle.*

Locandina di **GERVAIS** per la carta da sigarette Job; rappresenta una figura femminile che stringe in mano un mazzo di fiori e nell'altra una sigaretta. La datazione può essere posta alla fine del secolo scorso.

*Small poster by **GERVAIS** for Job cigarette paper: a woman holds a bunch of flowers in one hand and a cigarette in the other. It can be dated to the end of the last century.*

Locandina di **Adolfo HOHENSTEIN** (1854) per la pubblicità della "Cintura Galliano contro il mal di mare". È datata 1898 e rappresenta una figura maschile che sfida il mare protetto dalla Cintura Galliano, rimedio molto utopistico.

*Poster by **Adolfo HOHENSTEIN** (1854 -) advertising the "Galliano Belt for protection against sea-sickness". Dated 1898, it shows a man taking on the sea with the protection of the Galliano Belt, a somewhat Utopian remedy.*

Locandina di **JUPOD** per la pubblicità del dentrificio Binaca. È datato 1939 e rappresenta un volto femminile sorridente che mette in mostra una splendida dentatura.

*A small poster by **JUPOD** advertising Binaca toothpaste, from 1939. A girl smiles, revealing a splendid set of teeth.*

Manifesto di **LIM** per la ditta cosmetica Lanza. Pubblicizza i saponi Lanza, non è datato e raffigura tre volti fem-
minili in una nuvola di schiuma. È firmato con la sigla LIM.

*A poster by **LIM** for the cosmetics firm Lanza. Undated,
it advertises Lanza soaps and depicts three female faces
in a cloud of a soap suds. It is signed with the initials "LIM".*

Ancora un manifesto di **LIM** per la Ditta Lanza. Non è datato e raffigura un piumino da cipria, il cui pompon è formato da una figura femminile, e due volti di donna sorridenti. È firmato con la sigla LIM.

*Another poster by **LIM** for the Lanza firm. The image is of a powder puff incorporating a woman's figure and two smiling female faces. Undated, it is signed with the letters ''LIM''.*

Manifesto di **LUPA** per la pubblicità della stazione turistica di Laigueglia, presso Alassio. È datato 1916 e raffigura bagnanti in costumi dell'inizio del secolo sulla spiaggia di Laigueglia.
L'Hotel Laiugueglia garantisce il servizio per tutto l'anno con ristorante francese.

*A poster designed by **LUPA**, advertising the tourist resort of Laigueglia, near Alassio. It carries the date 1916 and shows bathers in turn-of-the-century costumes on the Laigueglia beach.*
The Hotel Laigueglia guarantees an all-the-year-round service, with a French restaurant.

Manifesto di **Giuseppe MAGAGNOLI** (Maga 1878-1933) per la pubblicità del dentifricio Pim. È un'affiche del 1926 e rappresenta un volto femminile in penombra sul cui sorriso smagliante si posa una farfalla richiamata dall'alito profumato di fiori.

*A poster by **MAGAGNOLI Giuseppe** (Maga 1878-1933) advertising Pim toothpaste. It was designed in 1926 and presents a shaded female face with a dazzling smile, on which alights a butterfly, attracted by the florally-scented breath.*

65

Locandina di **Luigi MARTINATI** per la pubblicità della spiaggia di Lavagna. La datazione è riconducibile agli anni Trenta e raffigura una bagnante che si tuffa da un pattino. Sullo sfondo la spiaggia di Lavagna.

*A small poster by **Luigi MARTINATI** publicising the Lavagna beach. It can be dated to the Thirties and shows a bather diving from a small boat. The Lavagna beach is in the background.*

Manifesto di **MATALONI** per le pillole ricostituenti Groc-co. Il manifesto non è datato, ma può forse essere collo-cato agli inizi del secolo. Rappresenta una figura femmi-nile inginocchiata, cinta da un serpente che scende da un albero in fiore. Le pillole Grocco servivano per la nevra-stenia e per non meglio chiarite malattie acute.

*A poster by **MATALONI** promoting Grocco tonic pills. Though undated, this example could possibly be placed at the beginning of this century. We see a kneeling wo-man, with a snake wreathed around her as it descends from a flowering tree. Grocco pills alleviated nervous syndro-mes and unclarified acute illnesses.*

Locandina di **Filiberto MATELDI** (1885-1942) per la pubblicità del "Melitolo". È datato 1920 e raffigura un diavolo che rovescia da un corno dell'Abbondanza scatole di medicinali. Deriva da un calendario, mese di dicembre.

*Poster by **Filiberto MATELDI** (1885-1942) advertising "Melitolo", dated 1920. A devil tips boxes of medicines from a cornucopia. This work derived from a calendar and illustrated the month of December.*

MELITOLO F.L.

Influenza - Otiti

Manifesto allegorico creato da **Achille Luciano MAUZAN** (1886-1940) all'inizio del secolo per la pubblicità del "Parfum Fleur de Mousse".
Raffigura una donna abbracciata a un fauno. La decorazione si ispira ai Balletti russi di Diaghilev.

*An allegorical poster designed by **Achille Luciano MAUZAN** (1886-1940) at the beginning of this century to advertise "Parfum Fleur de Mousse".*
The illustration is of a woman holding a faun in her arms.
The decoration was inspired by Diaghilev's Russian Ballets.

Locandina di **MAUZAN** per la "Savoia Film Torino" del 1910. Rappresenta una coppia degli inizi dell'800 a passeggio. Forse fu disegnato per i "Miserabili" di Victor Hugo.

*A poster by **MAUZAN** for the "Savoy Film Turin" of 1910, showing an early XIX century couple out for a walk. It was perhaps drawn for Victor Hugo's "Les Miserables".*

Manifesto di **MAUZAN** per la ditta francese ''Brixia'' di cosmetici e profumerie. È in puro stile liberty databile tra gli anni 1910 e 1915 e rappresenta una figura femminile, coperta di veli, che esce da un calice di iris violaceo.

*Poster by **MAUZAN** for the French cosmetics and perfumes firm ''Brixia''. In pure Art Noveau from 1910 - 1915, it shows a woman, covered in veils, emerging from a violet iris calyx.*

Una testa contornata da una gran massa di capelli biondi rappresenta nelle intenzioni di **MAUZAN** la pubblicità della lozione per capelli "Eucrinina". L'affiche è datata 1921 c. e fu eseguita per la formula del Dott. Prof. Giovanni Pini di Bologna.

A head with abundant blonde hair was the method used by **MAUZAN** *in this poster to advertise "Eucrinina" hair lotion. Dated 1921, this piece was designed for the lotion formulated by Dr. Giovanni Pini of Bologna.*

Manifesto disegnato da **MAUZAN** per la ditta di cosmetici Bertelli. È datato 1921 e propaganda le "Ciprie Bertelli". Raffigura una ballerina il cui tutù è composto da un piumino da cipria, che esce sorridendo e danzando da una scatola di cipria. Al tempo le ballerine uscivano allo stesso modo da gigantesche torte.

*Poster designed by **MAUZAN** for the cosmetics firm Bertelli. It dates from 1921 and advertises "Bertelli facepowder". A ballerina, with a powder-puff in the place of a tutu, emerges dancing and smiling from a box of powder. At the time, ballerinas commonly emerged in the same way from enormous cakes.*

Manifesto di **MAUZAN** per il dentifricio ''Avoriolina Bertelli''. Databile al 1921, raffigura una donna e una tigre che mostrano denti sbiancati con Avoriolina. Curioso il polemico confronto donna-tigre.

*A poster by **MAUZAN** for the toothpaste ''Avoriolina Bertelli'', datable to 1921. A woman and a tiger show their teeth whitened with Avoriolina. The debatable comparison between woman and tiger is rather curious.*

Manifesto di **MAUZAN,** datato 1921, reclamizza la "Cipria Pompon" ed è un'allegoria raffigurante una mascherina che schiaccia un Pierrot con un piumino da cipria. Forse ripetitivo, Mauzan è pur sempre spiritoso e brillante.

A 1921 poster by **MAUZAN** *that advertises "Pompon" face-powder. This allegorical illustration represents a masked girl smothering a Pierrot with a powder-puff. Though perhaps repetitive, Mauzan is nonetheless always witty and lively in his work.*

Manifesto di **MAUZAN** creato per la ditta di cosmetici "Brixia". Reclamizza una lozione per capelli, la "Petrole", e rappresenta un amorino che innaffia la calvizie di una testa di vecchio. È datato 1930.

*Poster designed by **MAUZAN** for the cosmetics company "Brixia". It advertises the hair-lotion "Petrole" and depicts a cherub watering the bald head of an old man. It is dated 1930.*

81

Manifesto di **MAUZAN** per la ditta di cosmetici ''Brixia'' per la pubblicità della ''Créme et poudre à la rose''. Databile al 1930, rappresenta una donna sorridente che si appoggia a una rosa completamente sbocciata che domina con il suo colore purpureo l'intero foglio.

*Poster by **MAUZAN** for the cosmetics company ''Brixia'' advertising ''Crème et Poudre à la rose'', dated 1930. A smiling woman leans against a fully-opened rose that dominates the page with its purple colour.*

Manifesto di **MAUZAN** per la pubblciità del "Cerotto Bertelli il sollievo dei reumatizzati". Raffigura una donna nuda
di spalle che si applica il Cerotto Bertelli da cui si sprigio-
na calore.

*Poster by **MAUZAN** advertising the "Bertelli Plaster for
the relief of rheumatism sufferers". We see a nude woman from behind while she applies the Bertelli Plaster,
from which will issue the beneficial heat.*

Manifesto di **MAUZAN** per la pubblicità del "sapone da barba Ramsgate" delle "Parmuferie Ramsgate Paris". Databile intorno agli anni '20, raffigura una maschera grottesca che si strappa la barba e guarda sorridendo un flacone di sapone da barba Ramsgate. Il vecchio ha l'aspetto furbone di un Gianni Schicchi.

*Poster by **MAUZAN** advertising "Ramegate" shaving-soap, made by "Parfumerie Ramegate - Paris", dating from the Twenties. A grotesque Carnival-type figure pulls away his beard and smiles towards a phial of Ramegate. The old man has a cunning expression similar to that of the comic actor Gianni Schicchi.*

Manifesto di **MAUZAN** per la pubblicità della "Crema Pompon bellezza della pelle" in vendita presso Guido Pomares di Milano. Databile al 1921, rappresenta un malizioso Cupido che si spalma di crema in piedi su un lavabo.

Poster by **MAUZAN** *advertising "Pompon Cream beauty of the skin", a product sold by Guido Pomares of Milan. It can be dated to 1921 and represents a mischievous Cupid covering himself with cream while standing on a hand-basin.*

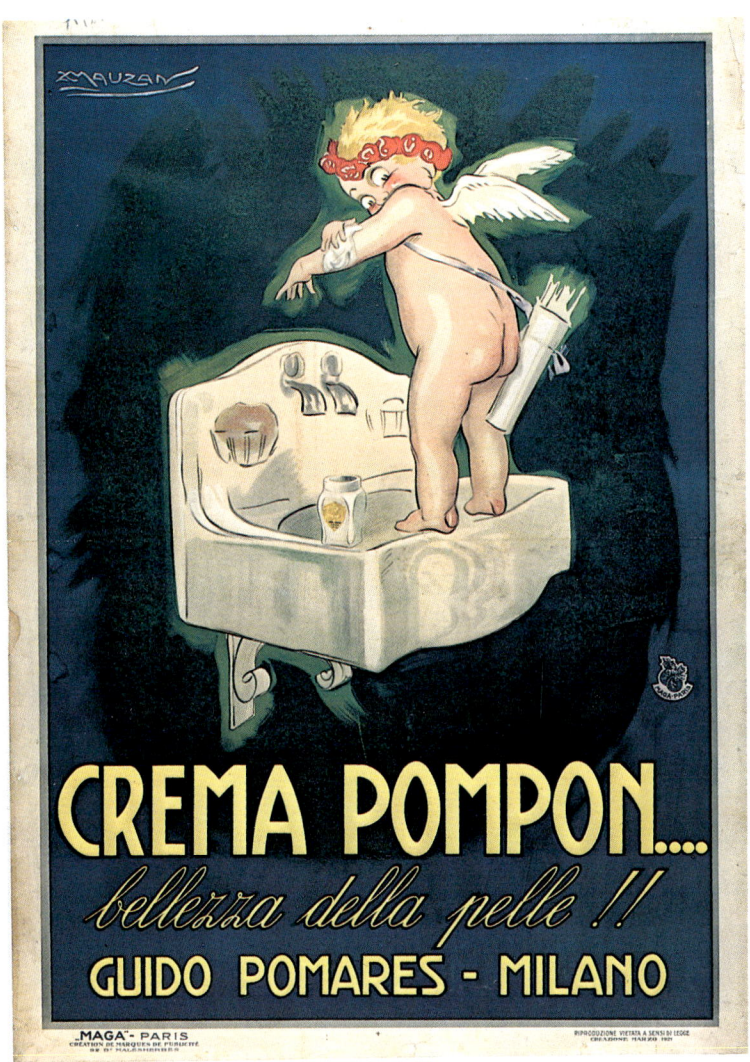

Manifesto di **MAUZAN** per la ditta di impermeabili "Ettore Moretti - Milano". Non è datato e rappresenta uno spaventapasseri sorridente sotto la pioggia ricoperto da un impermeabile. Il fabbricante aveva sede in Foro Buonaparte, Milano.

*A poster by **MAUZAN** for the raincoat firm "Ettore Moretti Milan", undated. The depiction is of a scarecrow smiling in the rain and wearing a raincoat. The manufacturer was situated in Foro Bonaparte, Milan.*

Manifesto di **Aldo MAZZA** (1880-1964) per la pubblicità della rivista quindicinale "Giovinezza di cultura, d'arte e di varietà" per la gioventù del tempo.
È datato 1909 in stile liberty e raffigura una fanciulla che corre su un prato lanciando tralci di rose.

*Poster by **Aldo MAZZA** (1880-1964) advertising the twice-monthly magazine "Youth in culture, art and variety" for the young of the time.*
It is dated 1909, is in Art Noveau style and portrays a girl running on a lawn throwing rose-sprigs.

"GIOVINEZZA"
RIVISTA QVINDICINALE ILLVSTRATA
DI COLTVRA D'ARTE E DI VARIETÀ PER LA GIOVENTÙ

ABBONAMENTO ANNO   L. 7.50   MILANO · CORSO ROMANA · 100
              SEMESTRE   L. 4 —   E IN TVTTE L'EDICOLE E LIBRERIE DEL REGNO

Manifesto creato da **MAZZA** per la pubblicità della stazione balneare di Riccione. È datato 1925 e rappresenta una signora che esce dalle onde stringendo un tralcio di rose. Sullo sfondo la spiaggia di Riccione. Probabilmente era destinato ad attirare i turisti tedeschi dato che è scritto in quella lingua. Anticipa le campagne pubblicitarie turistiche ENIT.

*Poster designed by **MAZZA** to advertise the bathing resort of Riccione. Dated 1925, it shows a lady emerging from the waves clutching a sprig of roses: the Riccione beach is in the background. It was probably aimed at prospective German tourists as the captions are written in German. This work is a forerunner of the campaigns promoted by ENIT, the Italian National Tourist Organization.*

Locandina di **A. MAZZA** per la pubblicità della "Crème Canotier". Non è datata e rappresenta una figura maschile buffa in costume da bagno anni Trenta, e scarpe, che mostra una scatola di crema. La caricatura è fra le più riuscite della cartellonistica.

*Small poster by **MAZZA** to advertise "Crème Canotier". It is undated and depicts a comic man in Thirties bathing costume and shoes, who exhibits a box of cream. One of the most successful examples of caricature in poster art.*

CANOTIER CRÊME

LUCIDA E AMMORBIDISCE

Manifesto di **MAZZA** per la pubblicità dell'Anatricogeno-lozione per capelli. Può essere collocato intorno agli anni '30 e raffigura un lift che versa Anatricogeno su palle da biliardo su cui crescono capelli. Il laboratorio autore di tanta opera era a Brescia.

Poster by **MAZZA** *advertising the hair lotion Anatricogeno: it is datable to the Thirties. The illustration shows a lift-boy pouring Anatricogeno onto billiard balls which promptly grow hair. The Mazza studio, which produced a great deal of work, was situated in Brescia.*

Manifesto di **MAZZA** per la pubblicità dell'"Unione Cooperativa". Non è datato e raffigura una signora vestita elegantemente in abito stile "Belle Epoque". Eseguito per i Grandi Magazzini Miccio di Napoli.

*Poster by **MAZZA** advertising the "Unione Cooperativa". Undated, it shows a refined lady dressed in Belle Epoque clothing. Designed for the Miccio department store, Naples.*

Manifesto di **Leopoldo METLICOVITZ** (1868-1944) per la pubblicità della ditta cosmetica francese "Frères Sausé" per il profumo "Fleur de Mousse". È datato 1897 e rappresenta una figura femminile nuda che tiene tra le mani una coppa in cui raccoglie farfalle e fiori. La simbologia dell'offerta richiama miti antichi.

*Poster by **Leopoldo METLICOVITZ** (1868-1944) advertising the perfume "Fleur de Mousse" produced by the French cosmetics firm "Frères Sausé". It is dated 1879 and portrays a female nude holding a cup in her hands, into which she collects butterflies and flowers. The symbolism of an offering recalls ancient legends.*

LE GRAND
PARFUM
À LA MODE

FLEURS DE MOUSSE
DE SAUZÉ FRÈRES
PARFUMEURS PARIS

PROPRIÉTÉ ARTISTIQUE DE M.M. SAUZÉ FRÈRES

25 RUE D'HAUTEVILLE

Manifesto di **METLICOVITZ** per il debutto della "Compagnia Santa Cruz". È senza data ma può essere collocato negli anni Venti. Raffigura una donna in primo piano contornata da ballerine danzatrici di flamenco e sullo sfondo una città orientale.

*Poster by **METLICOVITZ** made for the debut of the "Compagnia Santa Cruz". It bears no date but can be placed in the Twenties. A woman in the foreground is surrounded by flamenco-dancing girls, with an oriental city in the background.*

MISE-EN-SCÉNE DE LA **S.A.COSTVMI D'ARTE** DE MILAN ≡ *SOBRE FIGURINES DE* **RAMO**

Manifesto di **METLICOVITZ** per la pubblicità della Ditta Moretti produttrice di tessuti impermeabili.
Databile al 1925, raffigura un uomo avvolto in un impermeabile, in piedi su un ombrello aperto. È un'immagine fra le più riuscite per simbolismo.

Poster by **METLICOVITZ** *advertising the firm Moretti, manufacturer of rain-proof fabric. It can be dated to 1925. A man wrapped in a raincoat stands on an open umbrella. This is one of the most successful images for its neat symbolism.*

Impermeabili

Ettore Moretti MILANO

FORO BONAPARTE N. 12.

Copertoni Impermeabili

Tende da Campo e Sport

Manifesto di **METLICOVITZ** che pubblicizza l'Antigelone della Farmacia Cagnola di Vigevano. È datato 1926 e raffigura una donna infreddolita avvolta in una pelliccia che tiene in mano un flacone di Antigelone. Più che altro la donna non sembra soffrire bensì andare in estasi.

Poster by ***METLICOVITZ*** *advertising the Anti-chilblain preparation made by the Cagnola Pharmacy of Vigevano. Dated 1926, it shows a woman suffering the cold, wrapped in a fur coat and holding a phial of Antichilblain in her hand. The lady seems to be closer to ecstasy than hypothermia.*

Manifesto di **METLICOVITZ** per la ditta di cosmetici francese "Fréres Sausé" per il profumo "Flouvella". Non è datato e raffigura una donna nuda coperta solo da un velo molto audace, in quei tempi, per la sua trasparenza.

Poster by **METLICOVITZ** *advertising the perfume "Flouvella" produced by the French cosmetics firm "Frères Sausé". Undated, it depicts a woman naked except for a veil of a transparency that was very audacious for the time.*

B 84

Manifesto di **METLICOVITZ** per la pubblicità dei Grandi Magazzini "Mele". Databile al 1915, raffigura una signora elegante in abiti stile '800 seduta in una poltrona di paglia di Vienna.

*Poster by **METLICOVITZ** advertising the "Mele" department store, from about 1915. An elegant lady in XIX century dress is seated in a Viennese straw armchair.*

Manifesto di **Adolphe MUCHA** (1860-1939) in tipico stile liberty per "Vient de Paraître". È datato 1896 e rappresenta una figura femminile nuda, entro tondo, sorreggente con la destra un medaglione egittizante di sapore esotico.

*Poster by **Adolphe MUCHA** (1860-1939) in typical Art Nouveau style, for "Vient de paraître". It is dated 1896 and shows a female nude within a circular frame, bearing an exotic Egyptian-style medal in her right hand.*

Locandina di **NAT** per la pubblicità del ''Sapone Sirio''. Non è datata e raffigura una signora in pigiama con in mano una saponetta Sirio.

*Poster by **NAT** advertising ''Sirio Soap''. Undated, it features a woman in pyjamas holding a bar of Sirio soap.*

Manifesto di **OMEGNA** per la pubblicità delle "Pellicce-rie Fabretti e Barozzi" di Bologna. Non è datato ma è ri-conducibile alla fine del secolo scorso. Raffigura una si-gnora elegante impellicciata accompagnata da un uomo in abito da sera. La donna ricorda certe pose di Eleonora Duse.

Poster by **OMEGNA** *advertising the "Fabretti and Baroz-zi Furriers" of Bologna. Undated but probably from the end of the last century. It illustrates a lady elegantly dres-sed in furs accompanied by a man in evening dress. The woman recalls certain poses of Eleonora Duse.*

Manifesto di **Luisa POLO** per la stagione primavera-estate 1927 dei magazzini "Unione Cooperativa" di Milano. Raffigura una donna sorridente, con un mazzo di fiori tra le braccia, che accarezza una capretta sullo sfondo di nuvole vaporose.

*Poster by **Luisa POLO** for the 1927 Spring-Summer season of the Milanese department store "Unione Cooperativa". It depicts a smiling woman, with a bunch of flowers in her arms, stroking a goat-kid against a background of steamy clouds.*

Manifesto di **Luisa POLO** per la stagione primavera-estate 1926 dei magazzini "Unione Cooperativa" di Milano. Raffigura una donna seduta su un prato che si ripara dal sole con un ombrellino arancione di aspetto solare.

*Poster by **Luisa POLO** executed for the 1926 Spring-Summer season of the Milanese department store "Unione Cooperativa". A woman seated on a lawn shades herself with a solar-orange coloured parasol.*

121

Manifesto di **RAVAIOLI** per la pubblicità di Rimini. Databile al 1935, rappresenta una bagnante che si asciuga sulla spiaggia. In lontananza si scorgono alcune vele. Le grandi vele ricorreranno spesso nei manifesti relativi a spiagge italiane.

*Poster by **RAVAIOLI** advertising the beach resort of Rimini. It can be dated to 1935 and depicts a bather drying herself on the beach. In the distance one can make out some yachts. Larghe yachts are a recurrent motif in posters for Italian beaches.*

Manifesto creato da **Loris RICCIO** per la casa di cosmetici GI.VI.EMME negli anni Venti circa. Rappresenta una signora vestita con un abito stile "charleston" che tiene in mano un elefante che mostra le zanne bianche a propaganda del dentifricio GI.VI.EMME.

*Poster by **Loris RICCIO** for the cosmetics firm GI.VI.EMME in the Twenties. A lady dressed in Charleston style holds an elephant which demonstrates the witheness of its tusks, thanks to the GI.VI.EMME toothpaste.*

Locandina di **Sergio VATTERONI** (1890) per "Empolasmina rigeneratore di sangue". Non è datata e rappresenta una figura maschile nuda appoggiata a un cavallo in atto di saltare. L'immagine anni Venti è certamente elegante.

*Small poster by **Sergio VATTERONI** (1890 -) advertising "Emoplasmina blood regenerator". Undated, it shows a male nude on a jumping horse. The image of the Twenties is unarguably elegant.*

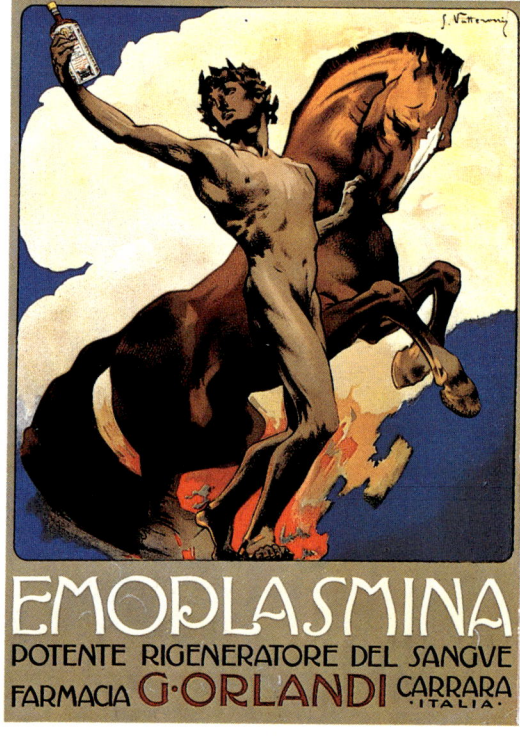

126

Manifesto anonimo per la Birra Poretti di Varese. Potrebbe essere collocato circa nel 1920. Rappresenta un medaglione con busto di donna nuda con boccale di birra nel palmo della mano. Reclamizza la "Birra di Marzo".

Anonymous poster for Poretti Beer of Varese. It can possibly be dated to around 1920. It depicts a medal with a bust of a female nude who carries a tankard of beer on the palm of her hand. It advertises "March Beer".

UN PÒ DI STORIA

Le affiches

Parlando di pubblicità dice il Belli che la gente si sarebbe accorta dello scherzo. In effetti la pubblicità è uno scherzo che la fantasia dei grafici gioca al pubblico pur di proporre degli argomenti, delle situazioni, delle immagini che, ricordando oggetti, cose, prodotti, invoglino all'acquisto.

D'altra parte lo stesso Nerone ai suoi tempi diceva "panem et circences".

Gli imprenditori romani sapevano che il gioco di pubblicizzare certe situazioni attraverso il volgo nel circo o nell'anfiteatro servivano come mezzo per acquistare un certo tipo di credibilità che oggi i nostri pubblicitari invece creano con tecniche sofisticate sui moderni "media".

Nel campo delle affiches c'è da dire che questo tipo di mezzo di comunicazione si è sviluppato particolarmente all'inizio del Novecento. Già l'Ottocento aveva dato dei segnali di interesse per questo mezzo di dialogare con il pubblico, ma il primo Novecento, soprattutto in epoca liberty e déco, quindi negli anni Quindici, Venti, Venticinque proporrà un tipo di messaggio-immagine che diverrà col tempo una

---

A LITTLE HISTORY

Posters

"People must have realized by now that it's all a joke". This is what Belli has to say about advertising. In fact, publicity is a refined joke played on the public by the graphic artists who create situations and images which, linked to a certain product, entice the purchase of the product itself.

Nero quoted the saying "panem et circenses": Roman emperors knew that the public of the circus or amphitheatre could be manoeuvred in order to gain credibility. Today publicity aims at the same ends though with sophisticated techniques and modern media.

The poster, used for advertising, developed above all at the beginning of the XX century, though interest for this means of communication existed during the XIX century. In the early years of the XX century, especially in the Art Nouveau and Art Deco periods, the formula of "message with image" was perfected and reached high levels of quality. Later it was to become banal due to excessive repetition. It should be remembered that amongst early XX century poster artists one finds na-

banalizzazione dello stesso messaggio in quanto troppo ricalcato.
Il cartellonismo del primo Novecento rasenta il limite del capolavoro.
Si tenga conto che nel cartellonismo del primo Novecento abbiamo autori come Toulouse-Lautrec, Mauzan o Cappiello o anche altri minori che veramente rappresentano il mondo della pittura, dell'impressionismo, del post-impressionismo, dell'école de Paris, dell'art déco che si trasmettono e si proiettano sul foglio di carta murale ricreando un intero panorama di immagini che sono evocative di situazioni e sono estremamente stimolanti ed efficaci.

Il genere frivolo

Nel campo del manifesto brilla per particolare concentrazione e per particolare estrazione il manifesto frivolo.
E' chiaro che quando si vuole dare un'immagine di un prodotto in modo avvincente e stimolante si gioca molto o sull'aspetto umoristico o sull'aspetto squisitamente frivolo del soggetto stesso.
Ecco perché, soprattutto nel campo della cosmesi, i piumini da cipria saranno molto più frequenti che non immagini del tutto astratte come possono essere in altri

---

mes such as Toulouse-Lautrec, Mauzan, Cappiello, as weel as other lesser artists: they represented the world of painting and in particular Impressionism, Post-Impressionism, L'Ecole de Paris and Art Deco. These styles were transferred onto paper and then onto walls to create a vast panorama of images, all stimulating and evocative of atmosphere and situation.

Popular posters

Amongst posters, the popular or more frivolous poster stands out both in volume of production and for its origins. It is evident that, wishing to create a seductive and interesting image for a produtct, one turns to the humourous or frivolous aspects of the object itself.
For this reason, above all in the field of cosmetics, powder puffs appear far more frequently than the abstract images commonly used in the advertisements for other types of product. Posters for cosmetics and other articles connected with "le bon vivre" have an extraordinary vitality.
At this point, we will turn to the great poster artists themselves.

campi o per altri prodotti.

Nel campo della cosmesi o nel campo di prodotti di uso quotidiano ma legati alla vitalità umana come liquori, dolci ecc. questo tipo di immagine brillerà di una luce sua propria che va rilevata.

Percorreremo ora una breve excursus tra i grandi cartellonisti che si sono occupati di affiches in generale, ma anche di affiches in senso frivolo.

Le biografie

Tra i più fecondi meritano certamente un posto di riguardo Cappiello, Hohenstein, Mauzan, Mazza e Metlicovitz, ma tanti altri sono i cartellonisti importanti di cui tracceremo alcune brevi biografie.

Leonetto Cappiello (Livorno 1875 - Cannes 1942) dopo una prima e assai feconda produzione nel campo della grafica caricaturale, testimoniata da alcuni albums di schizzi, si dedicò alla grafica pubblicitaria, campo nel quale operò un profondo rinnovamento.

Gli inizi di Cappiello furono influenzati da Toulouse Lautrec e Chéret, e in seguito la sua produzione acquistò, nel corso del primo decennio del Novecento, un carattere autonomo per l'estrema vivacità del colore e efficace realismo dell'immagine.

Biographies

Cappiello, Hohenstein, Mauzan, Mazza and Metlicovitz are worthy fo high regard amongst the most productive artists, but there are many others. Following are some brief biographical notes.

Leonetto Cappiello (Livorno 1875 - Cannes 1942) began work as a caricaturist, as revealed by some of his sketchbooks, and only later turned to advertising art, bringing about an important renaissance in the field.

Initially he was influenced by Toulouse-Lautrec and Cheret: during the first decade of the XX century his work acquired a personal style, notable for vivid colour and effective realism. From the Twenties on, his technique featured a uniform background, usually black, and after having abandoned the floral swirlings of Art Nouveau, the image itself was used to convey the advertising message.

Marcello Dudovich (Trieste 1878 - Milan 1962) was a poster artist, painter and illustrator. He was directed towards the world of graphics in 1897 by Leopold Metlicovitz, who was already working for Officine Grafiche Ricordi in Milan.

From 1898 Dudovich worked in Bologna, in fruitful collaboration with the publisher Edmondo Chappuis. Later he worked for the Genoese graphics firm Armanino

A partire dagli anni Venti la sua tecnica lascia campeggiare l'immagine su fondo unito, solitamente nero, abbandonando il florealismo del liberty e affida ad un'immagine in sé espressiva il messaggio pubblicitario.

Parliamo ora di **Marcello Dudovich** (Trieste 1878 - Milano 1962) che fu cartellonista, pittore e illustratore.

Fu avviato alla grafica nel 1897 da Leopoldo Metlicovitz, che già lavorava per le Officine Grafiche Ricordi di Milano.

Dal 1898 lo troviamo a Bologna dove inizia la sua proficua collaborazione come cartellonista con l'editore bolognese Edmondo Chappuis.

In seguito lavorerà anche per lo stabilimento grafico genovese Armanino per poi tornare da Ricordi.

Le sue immagini degli anni Venti sono determinanti per la nascita e lo sviluppo dello stile déco in Italia. Vi compare un'immagine femminile muscolosa e straordinariamente vitale (manifesti per "La Rinascente").

Le opere degli anni Trenta invece rivelano un'adesione non programmatica ma sempre più spiccata alle idee del Novecento.

Di **Adolfo Hohenstein** si conoscono pochi dati biografici.

---

and successively returned to Ricordi.

His work of the Twenties was crucial for the birth and development of Art Deco in Italy. He introduced a female image of great energy and vitality, as exemplified by the posters for the department store "La Rinascente".

In the Thirties his designs revealed a gradually increasing adhesion to the artistic style "Novecento", though he was never part of the group itself.

Very little biographical information is available for Adolfo Hohenstein: only that he was born in St. Petersburg in 1854. The date and place of his death are unknown. Though born in Russia, he was of German origin: he moved to Milan in 1890 having been summoned to take on the artistic direction of the Equipe Ricordi.

He became famous for the very personal Art Nouveau style of this posters: a continuation of the floral style of Mataloni.

Posters bearing his signature or attributed to him appear up until 1906.

Achille Luciano Mauzan (1886 - 1940) is famous largely as a result of his posters for French and Italian silent films, produced for Officine Grafiche Ricordi of Milan. However he also designed many popular posters of more frivolous content, which demonstrate his spontaneous and flowing style, moving towards Expressionistic ten-

Si sa solo che nacque a Pietroburgo nel 1854 e sono ignoti il luogo e la data di morte. Di origine tedesca, pur essendo nato in Russia, si trasferì a Milano nel 1890 dove fu chiamato ad assumere la direzione artistica della Equipe Ricordi.

Divenne famoso per lo stile liberty molto personale dei suoi manifesti. Nello stile fu il continuatore del florealismo di Mataloni.

I manifesti da lui firmati o a lui attribuiti sono collocabili fino al 1906.

Parliamo di **Achille Luciano Mauzan** (1886-1940).

La sua fama è principalmente legata alla produzione di manifesti per il cinema muto francese ed italiano, prodotti per le Officine Grafiche Ricordi di Milano.

Tuttavia sono numerosi anche i manifesti di carattere frivolo in cui ha modo di esprimersi lo stile di Mauzan, immediato e corsivo, volto verso soluzioni anche di gusto espressionistico.

Di **Aldo Mazza** (Milano 1880 - Varese 1964) poco si sa.

Fu un fecondo cartellonista, disegnatore e pittore di ritratti e paesaggi. Fu molto attivo dagli inizi del nostro secolo con manifesti sia di natura frivola sia di natura propagandistica.

Leopoldo Metlicovitz (Trieste 1868 - Pontelambro 1944), autodidatta, dopo aver

---

dencies.

Little is known of Aldo Mazza (Milan 1880 - Varese 1964). He was a very productive poster artist, designer, portraitist and landscape artist, very active at the beginning of the XX century, producing both frivolous and more serious advertising posters.

Leopold Metlicovitz (Trieste 1868 - Pontelambro 1944), a selftaught artist, was a lithographist before entering the field of poster art, in which he won many competitions.

He was discovered by Giulio Ricordi himself at Udine, where he worked as a lithographist, and moved to Milan where, after a brief period at Officine Grafiche Tensi, he finally joined Ricordi and remained connected with the firm virtually up to his death.

Farly on his graphic work was inevitably closely linked with that the other members of the firm: the series of posters made for ''Mele'' around 1899 - 1900 are typical, being perfectly interchangeable with the contemporary works of Villa, another great artist operating at Ricordi. Even when he developed his own original means of expression, he worked closely within the style dictated by the equipe and the management, both under Hohenstein and later under Dudovich, an artist also from Trieste.

fatto il litografo si dedicò al cartellone pubblicitario e vinse molti concorsi per lavori del genere.

Scoperto dallo stesso Giulio Ricordi a Udine, dove lavorava come litografo, passa a Milano e, dopo una breve parentesi alle Officine Grafiche Tensi, entra definitivamente alla Ricordi, cui rimarrà legato praticamente fino alla morte.

Le sue prime esperienze grafiche sono inevitabilmente legate ai modelli che ha più vicini (tipica ad esempio la serie di manifesti eseguiti per "Mele" intorno al 1889-1900, perfettamente omogenea rispetto alle contemporanee esecuzioni di Villa, un altro caposaldo della Casa milanese), ma anche quando trova una sua vena originale, resta legato all'impostazione dell'équipe e alle direttive dello stabilimento, siano queste dettate da Hohenstein, o, più tardi, dal collega concittadino Dudovich.

Luigi Bompard (Bologna 1879 - Roma 1953), autodidatta, fu influenzato dalla grafica tedesca soprattutto tramite la rivista "Jugend". Si segnalò quale illustratore ed acquarellista e fu presente alle più importanti mostre del suo tempo. Collaborò a molte riviste italiane con disegni riguardanti il mondo sportivo e quello elegante, in particolare lombardo, e su questi argomenti eseguì anche vari manifesti.

Mario Borgoni (Pesaro 1869 - Napoli 1936) si dedicò soprattutto al cartello-réclame

---

Luigi Bompard (Bologna 1879 - Rome 1953), another self-taught artist, was influencend by German graphic art, above all through the publication "Jugend". He made his name as an illustrator and watercolourist and took part in the most important contemporary exhibitions. He contributed to many Italian magazines, with drawings relating to the world of sport and high society, especially that of Lombardy, and designed many posters on the same themes.

Mario Borgoni (Pesaro 1869 - Naples 1936) produced advertising posters and fashion illustration and worked in America form 1931 to 1936.

Plinio Codognato (Verona 1878 - Milan 1940), a poster and graphic artist, produced most of his work for Arti Grafiche Coen, Officine Ricordi and Gros Monti and Co. In 1928 he designed numerous posters for Fiat, characterized by a geometrical solidity of Futurist origins. However his style remained descriptive, notwithstanding the honing down of the text to include only the name of the product.

Gino Boccasile (1901 - 1952) was a very prolific poster artist from the Twenties up until the end of the Secon World War. His posters show spontaneity and the effective representation of the solidity of his subjects. He designed posters for important firms such as Bertelli, Paglieri, Chorodont-Yomo-Ceramica Pozzi, Motta and

e al figurinismo e lavorò in America dal 1931 al 1936.

Plinio Codognato (Verona 1878 - Milano 1940), cartellonista e grafico lavora soprattutto per le Arti Grafiche Coen, per le Officine Ricordi e per Gros Monti e C. Sono numerosi i suoi manifesti per la Fiat del 1928 caratterizzati dalla solidificazione geometrica di origine futurista. Comunque il suo è ancora uno stile descrittivo, nonostante la riduzione dello scritto al solo nome del prodotto pubblicizzato.

Gino Boccasile (1901-1952). Fu un cartellonista molto attivo dagli anni 20 fino a tutto il periodo della seconda guerra mondiale. I suoi manifesti esprimevano immediatezza ed efficacia soprattutto per la plasticità dei suoi soggetti. Realizzò manifesti per Case molto importanti come la Bertelli, Paglieri, Chlorodont, Yomo, Ceramica Pozzi, Motta e tante altre. Nel periodo della guerra produsse anche manifesti per il regime e bellici (famoso quello del "Silenzio il nemico ti ascolta" che riproduceva un soldato inglese di colore che porgeva un grosso orecchio).

Adolfo De Karolis (Montefiore dell'Aso 1874 - Roma 1928). Silografo, illustratore di libri soprattutto di D'Annunzio, pittore a fresco, fu un artista assai apprezzato, che tuttavia non rifiutò attività più umili come il cartellonismo e l'editoria. Eseguì i suoi cartelloni con gusto personale che risente della sua lunga pratica come si-

---

many others. During the war he also produced posters for the regime: a well-known example has the caption "Silence - the enemy is listening" and an illustration of an English soldier putting forth a large ear.

Adolfo De Karolis (Montefiore dell'Aso 1874 - Rome 1928) was a printer of woodcuts, an illustrator of books - especially those by D'Annunzio - and a fresco painter. A highly-regarded artist, he nonetheless accepted more humble commissions such as poster and publishing art. His posters demonstrate a personal style and show the influence of his long experience in woodcuts.

Attilio Formilli (Alessandria 1866 - 1933) was a forerunner of Italian poster art. Magagnoli Giuseppe (Maga) (Bologna 1878 - Argentina 1933) began the firm Maga that prospered after the end of the First World War: it secured the agency for Italy of the French firm Vercasson. Although Magagnoli was not himself a poster artist, he his mentioned here for his great contribution to the art of the advertising poster. The dates and places of birth and death of Di Giovanni Mataloni are unknown. He was a lithographer at Ricordi from 1890 and later became a poster artist: he can be considered as the founder of the Italian poster. His first poster was published in Rome in 1891. In the field, he was an important exponent of Art Noveau,

lografo.

Attilio Formilli (Alessandria 1866-1933) fu un precursore del cartellonismo in Italia.

Giuseppe Magagnoli (Maga) (Bologna 1878 - Argentina 933). Dopo la fine della guerra 1915-1918 s'impose la Ditta Maga che si assicurò per l'Italia la rappresentanza dell'agenzia francese Vercasson. Viene inerito tra i cartellonisti pur non essendolo stato di persona, per l'eccezionale contributo dato all'arte del manifesto pubblicitario.

Di **Giovanni Mataloni** non si conoscono luoghi e date di nascita e di morte. Fu litografo presso Ricordi prima del 1890 e divenne in seguito cartellonista. È il fondatore del manifesto italiano. Il suo primo cartellone venne stampato a Roma nel 1891. Rappresentò nel cartellonismo anche lo stile liberty, il suo disegno è perfetto ed è molto affine ai modi di Hohenstein.

Filiberto Mateldi (Roma 1885 - Milano 1942), cartellonista ed illustratore. Assunto da Manca al ''Pasquino'', del quale prenderà le redini nel 1920, si impone immediatamente per la straordinaria qualità delle sue opere: le sue figurine stilizzate e nervose sembrano vivere sul foglio una loro vita propria.

---

with a perfect drawing style close to that of Hohenstein.

Filiberto Mateldi (Rome 1885 - Milan 1942) was an illustrator and poster artist. He was taken on by Manca at ''Pasquino'', where he would take over control in 1920, and immediately made impact for the superb quality of his work: his stylized and nervous figures seem to take on a life of their own.

Anonymous poster artists

Often it is impossible to find information about artists, either because they have never been studied or because they may have been little-known painters or sculptors only occasionally designing posters.

This may seem surprising in view of the succession of poster exhibitions held in recent years, but often the compiler of the exhibition catalogue has had to expend a great deal of energy in order to find the minimum of biographical information. For example, the death of several authors cannot be documented because of moves from one city to another and the confusion of two World wars, which have precluded the trascription of data. In the case of Luisa Pola, a Milanese poster artist, the only information that is available is the name on her designs, notwithstanding

Cartellonisti sconosciuti

Di molti autori non si trovano notizie o perché nessuno si è mai occupato di loro, o perché si tratta talvolta di cartellonisti occasionali provenienti dalla pittura o dalla scultura e anche nei loro campi non studiati.

Ciò può sorprendere, visto il ripetersi di mostre di manifesti degli ultimi anni, ma spesso l'estensore del catalogo deve arrampicarsi sugli specchi per trovare notizie. È il caso di autori nati e non risultanti morti perché trasferimenti di città con due conflitti bellici verificatisi nel contempo, non hanno mai permesso la trascrizione dei dati anagrafici. Della cartellonista Luisa Polo, milanese, non è mai stato possibile, nonostante le ricerche svolte per la grande mostra milanese del 1972 a Palazzo Reale, tranne il nome scritto sulle sue tavole.

LE TENDENZE

In Italia il cartellone pubblicitario, illustrato con la tecnica della litografia, comincia a diffondersi dopo il 1880, ma di questo periodo sono rimasti pochi esempi che possono essere quasi chiamati incunaboli del tempo come per i libri a stampa del Quattrocento. Più tardi si introdusse il metodo della cromolitografia e il cartel-

---

the research undertaken for the large exhibition held in 1972 at Palazzo Reale, Milan.

Trends

In Italy the advertising poster, lithographically printed, began to spread after 1880, but only a few examples survive from this period: the difference between them and the later posters can be compared to the difference between the earliest printed books from the XV century and modern volumes. Later, the technique of chromolithography was introduced, and as a result the poster became more brilliantly coloured and therefore more effective in stimulating the fantasy of the public. The technique was used to produce large numbers of posters at the beginning of the XX century: the most important poster printers were Ricordi of Milan, Chappuis of Bologna, Maga of Paris, Mauzan of Milan. There were many others with a smaller production, though of high quality.

One finds great variation in the trends of illustration, some artists remaining close to painting, such as Giuseppe Palanti and Plinio Nomellini; others moving towards epic-heroic images, for example De Karolis, author of woodcuts illustrating the books by Gabriele D'Annunzio. All styles were used, from Art Nouveau to Futurism, from

lone divenne più efficace e di presa sulla fantasia del pubblico per i brillanti colori. Sarà il primo Novecento a utilizzare in dosi massicce questa tecnica e i massimi artefici della stampa saranno la ditta Ricordi di Milano, la Chappuis di Bologna, la Maga di Parigi, la Mauzan a Milano e infinite altre con produzioni di minore entità, ma di grande qualità.

Nei manifesti ritroviamo le tendenze più svariate, con artisti ancora vincolati alla pittura come Giuseppe Palanti o Plinio Nomellini, altri a tendenze eroicizzanti come De Karolis, autore soprattutto di illustrazioni silografiche che ornarono i volumi di Gabriele D'Annunzio.

Dal Liberty al Futurismo, dalla Scapigliatura al Divisionismo, gli autori seguiranno tuttavia sempre un certo gusto illustrativo contemporaneo.

Un secondo filone si ispira invece al genere caricaturale, come nel caso di Mauzan e di Cappiello, altri alla sintesi simbolica; ma ciò molto più avanti nel tempo. Dal 1910 le mutazioni di tendenze e gusto si fanno sempre più evidenti, anche sotto l'influsso dell'arte francese.

Non si disegna più sulla pietra litografica perdendo così la conoscenza del modo di disegnare diretto dell'autore, ma si comincia a lavorare fotomeccanicamente con

---

Scapighatura to Divisionism: however there always remained a certain contemporary illustrative taste.

Another current was based on caricature, as in the case of Mauzan and Cappiello, and others worked within a synthetic Symbolism, though later in time. From 1910 on the changes in style and taste became ever-increasingly evident, partly due to the influence of French art. The lithographic stone, a technique that directly transmits the artist's style of drawing, was gradually supplanted by photomechanical printing using zinc plates.

Techniques

Lithography uses a limestone support which is first smoothed and polished and then drawn upon with a greasy pencil, and finally fixed. The pencil was composed of wax, soap and carbon black. Fixing was performed with a solution of nitric acid and gum arabic. The stone was the wetted and inked up: the ink adhered only to the parts drawn with the greasy pencil and the water masked the white areas. After this the print was taken. For different colours, other stones were used in succession. This method was nonetheless reasonably rapid and economic, and thus led to chromolithography. Later, as already mentioned, typographical photomecha-

l'uso di matrici in zinco.

Le tecniche

La litografia usa come matrice una pietra calcarea perfettamente levigata sulla quale il disegno viene eseguito con una matita grassa e poi fissato. La matita era composta di cera, sapone e nerofumo.

Il fissaggio si faceva con una soluzione di acido nitrico e gomma arabica. La pietra viene poi bagnata con acqua e quindi inchiostrata. L'inchiostro aderiva solo alla parte disegnata, mentre l'acqua proteggeva la superficie bianca. Successivamente si stampava. Per ottenere i colori bastava usare altre lastre coincidenti e sovrapponibili ma inchiostrate con i vari colori. Il metodo era nonostante tutto abbastanza rapido ed economico. Si ottiene così la cromolitografia.

Per il tempo successivo, come già detto, si useranno sistemi tipografici fotomeccanici.

Il collezionismo e la conservazione

Nel gusto di raccogliere cose del passato il manifesto va ora di moda e i numerosi collezionisti spulciano le cartelle nei mercatini di antiquariato minore, ove è anco-

---

nical methods were adopted.

Collection and conservation

Consonant with the present habit of collecting objects from the past, the poster is now fashionable and numerous collectors search the stalls of the antiques and bric-a-brac markets, where it is still possible to find excellent examples. The most important Italian collections are the Bertarelli Collection at the Sforzesco Castle, Milan, completely catalogued, and the Salce Collection at Treviso.

Both have a vast and updated specialized bibliography of catalogues and monographs dedicated to individual artists.

There are two possible methods of conservations: one can keep the posters in portfolios, folding them as little as possible according to their dimensions, or they can be mounted on frames and preserved in racks, a method somewhat impractical for private collectors but the one normally adopted in public collections. In any case it is advisable to have the posters lined by craftsmen, either with heavy paper or canvas. Early XX century poster paper is nearly always very light and therefore easily torn.

ra facile trovare ottimi esemplari.

Le maggiori collezioni pubbliche italiane sono invece quelle della Raccolta Bertarelli del Castello Sforzesco di Milano, interamente schedata, e la raccolta Salce di Treviso. Entrambe le raccolte sono anche dotate di una bibliografia specialistica vasta ed aggiornata di cataloghi e di monografie su singoli autori.

Per la conservazione si può procedere in due modi, o conservando i fogli in cartelle da tenere in piano, piegando i fogli il meno possibile secondo le dimensioni, o intelaiarli e conservarli in rastrelliere, metodo poco pratico per i collezionisti, ma abituale per le raccolte pubbliche. In ogni caso è sempre opportuno foderare i manifesti, servendosi di artigiani pratici, sia con carta pesante che con tela. Infatti la carta dei manifesti del primo Novecento è quasi sempre molto leggera e quindi facile a strapparsi.

Note bibliografiche

CATALOGHI
Eugenio Manzato
Manifesti di A.L. Mauzan della Collezione Salce.
Edizioni Canova, Treviso (1983)

Anna Maria Brizio
Il manifesto italiano nel centenario del manifesto litografico. Catalogo della mostra allestita a Milano, Palazzo della Permanente, nei mesi di marzo-aprile 1965

Roberto Curci - Vania Struckelij
Dudovich & C. I triestini nel cartellonismo italiano.
Catalogo della mostra allestita a Trieste presso la Stazione Marittima, dal 1° agosto all'8 settembre 1977

Cecilia Alberici - Giorgio Lise
70 anni di manifesti italiani
Catalogo della mostra allestita a Milano, Palazzo Reale, nel settembre 1972

Virgilio Ferrarotti - Dino Villani
I cartelli murali in Italia 1891-1930. Arte minore o semplicemente arte?
Catalogo della mostra allestita a Finale Ligure, nel giugno-agosto 1981

Lucio Puttin - Barbara Bruni
Marcello Dudovich nei manifesti "Salce"
Catalogo della mostra allestita a Treviso, Casa de Noal, dal 7 ottobre al 4 novembre 1978

MONOGRAFIE
Luigi Menegazzi
Manifesti Salce
Cassa di Risparmio della Marca Trevigiana (s.d.)

Referenze fotografiche
Le fotografie sono state effettuate presso la raccolta stampa di A. Bertarelli del
Castello Sforzesco di Milano.

Collana a cura di / *Series editor*
Franco Bassi
Grafica / *Graphic*
Luca Pratella
Foto / *Photo*
Cesare Gualdoni
Traduzione / *Translation*
Johannes Henry Neuteboom

Finito di stampare
nel mese di novembre 1987